Das Geschichtenbuch zur Erstkommunion

Das Geschichtenbuch zur

Erstkommunion

Mit farbigen Bildern
von Isabelle Dinter

gabriel

Inhalt

Herr Riese spielt Ball

Herr Riese lief mit seinem Ball in den Innenhof. Er wollte mit Fee Ball spielen. Er hatte sein gelbes T-Shirt in seine gelb-grün gestreifte Trainingshose gesteckt und sah aus wie eine halb reife Banane.

Herr Riese war vor einem Jahr in das Nachbarhaus von Fee gezogen und die beiden hatten sofort Freundschaft geschlossen.

»Fee«, rief Herr Riese, aber niemand war da und rief zurück. Fee hieß eigentlich Felicitas, aber außer ihrer Oma nannten sie alle Fee, weil Fee blonde Haare hatte und sich gerne als Fee verkleidete.

Herr Riese dribbelte seinen Ball vor sich her und schoss ihn durch die beiden Stangen, an denen die Wäscheleine befestigt war. Wenn daran keine Wäsche flatterte, war das ihr Tor.

»Tor!«, rief Herr Riese, aber niemand war da, der ihn hörte.

Herr Riese dachte nach. Fee kam doch sonst

immer nach dem Essen in den Innenhof. Wo blieb sie denn? Heute war doch ihr Fußballtag. Er spielte gerne mit Fee. Sie traf nie das Tor und Herr Riese gewann.

Er dribbelte wieder seinen Ball vor sich her und schoss ihn auf das Tor. Diesmal traf er nicht. Der Ball kullerte gegen eine blaue Mülltonne, die »Plopp« machte und dabei umfiel. Es war die Plastiktonne, in der immer Papier gesammelt wurde.

Bevor der Wind all die Zeitungen und Prospekte über den Hof verteilen konnte, lief Herr Riese zu der Tonne, hob sie auf und klappte den Deckel zu.

»Glück gehabt«, seufzte Herr Riese erleichtert auf, sah aber doch einen Zettel, den der Wind vor ihm erwischt hatte und der durch die beiden Stangen der Wäscheleine wehte.

»Tor«, flüsterte Herr Riese und lief dem Papier nach.

Ach, wenn doch Fee hier wäre, dachte Herr Riese, dann würde das Papierjagen Spaß machen. So lief er allein hinter dem Blatt her, um es wieder in die blaue Tonne zu werfen.

Im ersten Stock des Hauses tat sich was. Oma Turnschuh kippte gerade ein Fenster, um frische Luft hereinzulassen. Sie sah Herrn Riese im Innenhof hüpfen und wunderte sich. Oma Turnschuh

hieß Oma Turnschuh, weil sie gerne Turnschuhe trug und damit schneller laufen konnte als Fee.

»Was hüpfst du herum wie ein Floh?«, rief Oma Turnschuh und kratzte sich.

Herr Riese hätte beinahe das Blatt Papier gefangen, aber der Wind nahm es wieder auf und pustete es noch höher in die Luft.

»Ich spiele Fangen«, sagte Herr Riese, »aber ich fange nichts.«

Oma Turnschuh blickte sich um. Sie sah gar nicht, mit wem Herr Riese Fangen spielte.

»Mit wem spielst du denn Fangen?«, fragte sie.

»Mit dem Wind«, sagte Herr Riese und hüpfte so hoch, dass er endlich das Blatt Papier zu fassen bekam.

»Wo ist denn Felicitas?«, fragte Oma Turnschuh.

Herr Riese wollte gerade das Blatt Papier zusammenknüllen und in die Tonne werfen, als er darauf las: »Vater unser«.

»Ich weiß es nicht«, murmelte Herr Riese.

»Ich habe dich nicht verstanden!«, rief Oma Turnschuh und schloss das Fenster, um es dann richtig öffnen zu können.

»Wir haben uns zum Fußballspielen verabredet«, schrie Herr Riese und schaute verwundert auf das »Vater unser«. »Vater unser« klang so schön, als wären alle eine Familie und hätten einen Papa. Vorsichtig nahm er den Zettel und legte ihn in das Notizbuch, das er immer bei sich trug. In dieses Buch schrieb er alles, was ihm wichtig war.

»Ihr habt euch zum Fußballspielen verabredet?«, wiederholte Oma Turnschuh.

»Ja«, sagte Herr Riese, »wir spielen doch donnerstags immer Fußball.«

Oma Turnschuh dachte nach. »Aber heute ist Mittwoch. Heute wollte Felicitas zum Augenarzt.«

Herr Riese nickte. Wenn heute Mittwoch war, dann war er umsonst in den Hof gekommen. Traurig stand er zwischen den beiden Wäscheleinenstangen, als der Ball plötzlich auf ihn zuflog und mit Schmackes ins Tor donnerte. Sollte das der Wind gewesen sein?

Herr Riese schaute verwundert auf und sah Fee.

»Tor«, rief sie und lief jubelnd dem Ball hinterher.

Fee war da und hatte ein Tor geschossen. Herr Riese war überrascht. Fee schoss doch nie ein Tor. Nun stand es 1:0 für Fee.

Herr Riese war trotzdem froh, dass er nicht mehr allein war.

»Schön, dass du endlich da bist«, sagte Herr Riese.

»Schön, dass ich endlich da bin«, sagte Fee und schoss noch ein Tor.

Der Vaterunser-Wettbewerb

In der Straße, in der Felicitas und Herr Riese wohnten, machte eine neue Buchhandlung auf. Es war eine christliche Buchhandlung, in der man alles finden konnte, was das Leben mit Gott erklärte.

Zur Eröffnung hatte Frau Gnuskowski einen Vaterunser-Wettbewerb geplant, bei dem jeder Teilnehmer nach dem Aufsagen mit einer Überraschung rechnen konnte. Der Hauptpreis war ein Ball, auf dem das ganze Vaterunser aufgedruckt war.

Fee freute sich schon seit Langem auf diesen Wettbewerb. Es war ihr egal, ob sie dabei etwas gewinnen würde, denn das Eröffnen einer Buchhandlung war immer eine aufregende Sache. Einen Tag vor der Eröffnung sauste Fee mit ihrem Fahrrad an der Buchhandlung vorbei und sah, wie Frau Gnuskowski und ihre Mitarbeiterinnen das Schaufenster schmückten. Sie hingen goldene Kronen über den Eingang, weil sich Frau Gnus-

kowski als Namen für ihren Laden »Die Königs-Buchhandlung« ausgedacht hatte.

Heute sollte die Eröffnung sein. Herr Riese hatte keine Lust mitzukommen, weil sein Fußball kaputt war. »Ich will lieber Fußball spielen«, sagte er.

Fee lachte. »Wenn der Ball kaputt ist«, sagte sie, »dann kannst du gar nicht Fußball spielen.«

»Egal«, sagte Herr Riese, »dann bin ich halt traurig.«

Felicitas, Willi und Herr Riese hatten Fußball gespielt, als der Ball unter ein Auto rollte und danach nicht mehr aufzupumpen war. Irgendeine scharfe Kante musste ihn durchlöchert haben. Der alte Ball war kaputt und platt.

»Komm doch mit«, baten Fee und Willi. »Eine kleine Feier tut uns allen gut.«

Herr Riese streichelte den platten Ball und sagte: »Gut, gehen wir zur Eröffnung der Buchhandlung.«

Sie sahen schon von Weitem, dass sie nicht die Einzigen waren, die an diesem Tag feiern wollten. Die Königs-Buchhandlung war voller Menschen. Dort, wo einmal die Ladentheke sein sollte, war eine kleine Bühne aufgebaut, auf der Frau Gnuskowski hinter einem Mikrofon stand und alle begrüßte. »Und nun kommen wir zum großen Vaterunser-Wettbewerb«, sagte sie gerade.

»Da sind wir ja genau richtig gekommen«, flüsterte Fee.

Herr Riese, Willi und sie hatten sich durch die Menschentraube bis ganz nach vorn gedrängelt.

»Die Spielregeln sind ganz einfach«, sagte Frau Gnuskowski. »Derjenige, der das Vaterunser fehlerfrei aufsagen kann, gewinnt unseren Vaterunser-Ball.«

Herr Riese lächelte. Wie froh war er, dass er das Gebet so gut wie auswendig konnte. Er war nur beim letzten Satz ein wenig unsicher. Herr Riese hätte den Ball zwar gern gewonnen, aber er rechnete sowieso nicht damit dranzukommen. Plötzlich zeigte Frau Gnuskowski auf ihn. Alle klatschten und schoben ihn auf die Bühne. Herr Riese wusste nicht, was er tun sollte. Verlegen stand er hinter dem Mikrofon und verbeugte sich.

»Und hier haben wir …«, sagte Frau Gnuskowski, ohne den Satz zu vollenden.

»Herrn Riese«, sagte Herr Riese, stand aber so weit weg vom Mikrofon, dass ihn niemand verstehen konnte.

»Lauter«, riefen einige und Frau Gnuskowski wiederholte noch einmal: »Hier haben wir Herrn Riese und er wird nun für uns alle das Vaterunser aufsagen.«

Herr Riese wusste nicht, was er machen sollte. Wie sollte er erklären, dass er dieses Gebet gerade erst kennengelernt hatte? Er stellte sich diesmal so nah ans Mikrofon, dass sein »›Vater unser, der du bist im Himmel.‹« viel zu laut aus den Lautsprechern kam. Alle hielten sich die Ohren zu.

Frau Gnuskowski stellte das Mikrofon ein wenig von ihm weg, sodass das »›Geheiligt werde dein Name. Dein Reich komme. Dein Wille geschehe, wie im Himmel so auf Erden.‹« schon ganz natürlich aus den Boxen schallte. Herr Riese strahlte. Doch da fiel ihm plötzlich der nächste Satz

nicht mehr ein. Zum Glück schaute er in diesem Moment zufällig auf die Tische mit Broten und Getränken und wusste wieder, was er beten wollte. »›Unser tägliches Brot gib uns heute‹«, bat er stolz. »›Und vergib uns unsere Schuld, wie auch wir vergeben unseren Schuldigern.‹«

»Bravo«, rief Fee, die direkt vor ihm stand und ihm mit einem Schokoriegel zuwinkte.

Herr Riese überlegte und sagte dann: »›Und führe uns nicht in Versuchung, sondern erlöse uns von dem Bösen.‹«

Das war es. Mehr fiel Herrn Riese nicht ein. So weit hatte er das Gebet in sein Buch eingetragen und auswendig gelernt. Jetzt fehlte ihm nur noch der Satz, den Fee ihm schon gesagt hatte, auf den er jetzt aber nicht kam. Diesen einen Satz musste er noch sagen, um den Wettbewerb zu gewinnen. Er überlegte und überlegte, aber er kam nicht auf diesen Satz. Frau Gnuskowski schaute ihn fragend an und Herr Riese lächelte unsicher zurück. Endlich bemerkte er, wie Willi in seinen Taschen kramte und sein gesamtes Taschengeld zückte. Er machte dies immer wieder, als wollte er ihm damit etwas sagen. Herr Riese dachte nach. Willi tat so, als wäre er reich. Herr Riese schaute Fee an, die sich eine der goldenen Dekokronen aufgesetzt hatte. Herr

Riese hatte verstanden. Natürlich, Gott ist ein König und regiert über ein Reich. Frau Gnuskowski wollte gerade das Mikrofon übernehmen, als Herr Riese wieder loslegte: »›Denn dein ist das Reich …‹«

Wie ging es weiter? Herr Riese schaute wieder auf Fee, die sich die Ärmel aufgekrempelt hatte und übertrieben deutlich ihre Muskeln zeigte. Ganz klar, Fee wollte zeigen, dass sie Kraft hatte. Herr Riese wusste wieder, wie das Gebet weiterging, und sagte: »›Denn dein ist das Reich und die Kraft und die …‹« Da kam noch was, oder?

Herr Riese stockte und schaute auf Fee und Willi, die so laut lachten, dass es ganz herrlich aussah. Da machte es bei Herrn Riese Klick und er betete: »›Denn dein ist das Reich und die Kraft und die Herrlichkeit.‹«

»›In Ewigkeit‹«, half Frau Gnuskowski weiter.

»›Amen‹«, sagte Herr Riese.

Alle klatschten, Herr Riese war glücklich, denn er konnte nun das ganze Gebet auswendig und es immer beten, wenn er wollte. Natürlich hatte er auch den Hauptpreis gewonnen. Weil er das Gebet so schön aufgesagt hatte, bekam er von Frau Gnuskowski den Vaterunser-Ball geschenkt. Fee, Willi und Herr Riese liefen stolz wie Oskar nach Hause und spielten Fußball, bis es Abend wurde.

Der Schulaufsatz

Fee schrieb einen Schulaufsatz »Warum ist es am Sonntag so schön?« Sie legte los: »Am Sonntag scheint immer die Sonne, und wenn nicht die Sonne scheint, ist es trotzdem Sonntag.

Am Sonntag regnet es manchmal den Sonntagsregen. Dann schaue ich durchs Fenster und träume, ich würde pitschepatschenass.

Am Sonntag ruht die Welt und wenn sie nicht ruht, dann ist Libori-Kirmes.

Am Sonntag hat Papa Zeit, im Fernsehen Autorennen zu gucken. Obwohl ich Autorennen langweilig finde, sitze ich manchmal neben ihm und fiebere mit. Am ersten Sonntag im Juli ist großer Seifenkistentag, dann kann Papa mal sehen, wie schnell seine Tochter um die Ecke saust.

Unser Nachbar Herr Paulson ist Arzt und muss manchmal sonntags arbeiten. Willi, sein Sohn, erzählte mir, dass sein Papa dafür am Montag freihat

14.00

und sie deswegen am Montag so tun, als wäre Sonntag.

Wenn am Montag für mich Sonntag wäre, dann wäre Dienstag der erste Schultag und es wäre nicht mehr weit bis zum Wochenende.

Oma Turnschuh hat in der Küche ein Kreuz hängen, das schmückt sie am Sonntag mit Blumen, damit Jesus weiß, dass wir an ihn denken.

Herr Riese schläft sonntags gern lang, aber weil er weiß, dass meine Klasse im nächsten Kindergottesdienst ein Theaterstück aufführt, kommt er mit, um nichts zu verpassen.

Am Sonntag gibt es keine Post, weil die Briefträger am Sonntag nicht arbeiten und lieber in die Kirche gehen. Eigentlich könnten die Briefträger doch die Post dann mit in die Kirche nehmen. Wenn alle in die Kirche kämen, könnte man ihnen danach einfach ihre Post geben. Praktisch.

Im Frühling pflücke ich manchmal Blumen und stecke daraus für meine Mama eine Blumenkrone. Wenn meine Mama diese Blumenkrone aufhat, macht Papa davon ein Foto.

Im Winter baue ich mit meinem Vater eine Schneemannfamilie. In unserem Garten stehen dann Herr Schneemann und Frau Schneefrau und ihre drei Kinder. Daneben habe ich ein Schild

gestellt, auf dem steht: ›Große Schneemannausstellung. Einmal gucken: 10 Cent!‹

Am Sonntag streichle ich meine Meerschweinchen besonders lange.

Am Sonntag gehen wir in die Kirche und ich darf eine Kerze anzünden. Wir schweigen dann und denken an alle, die an diesem Tag nicht bei uns sind. Manchmal flackert die Kerzenflamme dabei so stark, dass man denken könnte, unsere Gedanken wären so wild wie der Wind.

Gott erschuf die Welt an sechs Tagen, am siebten beschloss er zu ruhen, kluger Gott.

Am Sonntag schmeckt der Kuchen sehr gut. Wenn wir Glück haben, backt Mama welchen und ich schlage dazu die Schlagsahne.

Einmal lag ich in der Hängematte und schaute zwei Igeln beim Tanzen zu. Ich dachte: ›Heute kann nur Sonntag sein‹, aber dann war es Dienstag, der nur besonders sonntäglich war.

Am Sonntag liege ich auch gern in der Hängematte. Manchmal strecke ich meine Arme in den Himmel und spüre, dass Gott in meiner Nähe ist.

Der Sonntag ist zu schön, um ihn mit Hausaufgaben zu verderben, deswegen habe ich diesen Aufsatz auch erst am Montag geschrieben und kann ihn erst am Dienstag vorlesen.«

Laura und Dominik

Laura gähnt. Ins Klassenzimmer der 2b scheint die Septembersonne. Wespen torkeln gegen die Fensterscheiben, immer wieder so ein kleiner, dumpfer Aufprall. Auch die Wespen sind müde. Noch ein paar Wochen, dann ist ihre Zeit um. Nur die jungen, starken Königinnen werden den Winter überleben, in irgendwelchen Schlupfwinkeln, und im nächsten Frühjahr ein neues Wespenvolk gründen.

»Die armen Wespen«, murmelt Laura.

Dominik, ihr Banknachbar, schüttelt den Kopf. »Wieso arm?«, fragt er, während er Hefte und Bücher in die Schultasche packt.

»Weil sie bald sterben müssen«, sagt Laura. »Sie haben Frühling, Sommer und einen halben Herbst. Mehr nicht.«

Dominik zuckt die Schultern.

»Tun sie dir nicht leid, Dominik?«

»Die Wespen? Nein. Die toten Menschen gestern im Fernsehen, die tun mir leid«, sagt Dominik. »Sogar ein Baby war dabei. Das hat nicht einmal so viel Zeit wie die Wespen gehabt. Die Autobombe vor dem Supermarkt und krach, wumm, tot waren sie.«

Laura erschrickt. »Das hast du gesehen?«

»Ja. Und dann hab ich lang nicht einschlafen können.«

Laura denkt nach.

Sie hat keine Nachrichten gesehen, gestern Abend. Auch nicht am vorletzten und vorvorletzten Abend. Immer ist dem Papa irgendetwas eingefallen, was er mit Mama und Laura gerade dann unternehmen wollte, wenn andere Leute vor

dem Fernseher sitzen: Kürbiskerne rösten zum Beispiel. Laura mag es, wenn die grünen Kerne in der Pfanne zu hüpfen anfangen. Und wie sie dann knistern, während sie auskühlen. Wer gute Ohren hat und den Atem anhält, kann das Knistern eine Weile hören.

Oder ein Gartenrundgang: Papa geht mit Mama und Laura in den abendlichen Garten, um nachzusehen, ob die Nachtkerzen noch blühen. Vierzehn gelbe, duftende Blüten hat Laura gezählt und gegen die Mama gewonnen, die nur zehn gefunden hat.

Noch ein Beispiel, was Papa lieber tut als mit Mama und Laura Nachrichten gucken: dem Daniel vorsingen, damit der dann, wenn er geboren wird, Papas und Lauras Stimmen wiedererkennt. Daniel ist noch in Mamas kugelrundem Bauch und pufft und knufft Mama von innen. Wenn Papa und Laura ihm etwas vorsingen, pufft und knufft er stärker und die Mama lacht, drückt die Hände auf die Bauchkugel und sagt: »Nicht so wild, du Lauser!« Letzte Woche durfte Laura zu Mamas Arzt mitgehen und das Geschwisterchen auf dem Bildschirm betrachten. Daniels Zipfelchen war deutlich zu sehen.

Manchmal ist Laura auf Daniel nicht so gut zu

sprechen. Weil er die Mama müde macht. »Spiel allein«, sagt die Mama dann zu Laura. »Du bist doch schon groß. Geh ins Baumhaus. Oder zur Oma rauf. Ich will Ruhe haben!«

Papa will auch, dass Mama Ruhe hat. Sie soll sich schonen und sie soll sich nicht die traurigen Bilder im Fernsehen anschauen. Später, wenn Laura und Mama in ihren Betten liegen, sitzt Papa allein vor dem Fernsehgerät. Blauer Lichtschein flimmert unter der Tür und ab und zu, wenn Laura noch munter ist, kann sie Papa brummen hören. »Gottverdammte Sauerei«, brummt er oder so ähnlich.

»Du, Dominik«, sagt Laura zu ihrem Banknachbarn. »Weißt du was? Ich glaube, mein Papa hält mich mit Tricks vom Fernsehen ab.«

»Ja, der ist ein Softi«, sagt Dominik, »und deshalb bist du so blöd und bedauerst die Wespen.« Er schwingt die Schultasche auf seinen Rücken und will mit Vanessa, Karim und Achmed aus der Klasse gehen. Sedat und Hassan sind schon gegangen.

»He!«, ruft Laura und hält Dominik am Ärmel fest. »Bleib! Wir haben noch Religion!«

»Mir egal«, sagt Dominik, »ich pfeif drauf.«

Achmed und Karim, Sedat und Hassan sind Muslime. Sie nennen Gott »Allah«, das weiß Laura von Karim, und sie haben ihre eigene Religionsstunde am Nachmittag. Vanessa ist von ihren Eltern vom Religionsunterricht abgemeldet worden. Auch sie kann eine Stunde früher nach Hause gehen. Nun dreht sie sich zu Dominik um. »Komm. Der Italiener hat noch offen. Gehen wir auf ein Eis!«

»Nein«, sagt Dominik. »Ich bin pleite. Ich laufe gleich heim, da hab ich eine Stunde meine Ruhe, bevor die Mutter die Zwillinge aus dem Kindergarten holt.«

»Du kannst nicht einfach abhauen!«, schreit Laura.

»Und ob ich kann«, sagt Dominik. »Ich will heute nichts von Gott hören. Es reicht mir. Entweder hat er zugeschaut, wie das Baby und alle anderen sterben, oder es gibt ihn nicht.«

Vanessa nickt. »Das sagen meine Eltern auch. Komm jetzt, Dominik, ich hab Geld für zwei Eis.«

»Weißt du«, sagt Dominik zu Laura. »Ich hab Gott so oft um was gebeten. Aber nie hat er sich darum gekümmert. Wahrscheinlich gibt es ihn wirklich nicht.« Er schlüpft mit Vanessa aus der Klasse, genau in dem Augenblick, als Frau Brucker hereinkommt, die Religionslehrerin.

Laura rennt zum Fenster. Sie hört nicht, was

Frau Brucker sagt. Sie wartet, bis sie Dominik und Vanessa auf der Straße sieht. Vanessa geht mit schnellen Schritten nach links, Richtung Eissalon, ihre Haarschöpfe wippen und hüpfen. Dominik trottet mit hängendem Kopf nach rechts, er hat nicht weit nach Hause, er muss nicht einmal eine Straße überqueren.

»Laura, willst du uns die ganze Stunde den Rücken zukehren?«, ruft Frau Brucker.

Laura schaut zur Tafel. Frau Brucker hat mit goldgelber Kreide ein Dreieck gezeichnet. Im Dreieck liegt ein Auge und von den Außenseiten des Dreiecks laufen Strahlen weg. »Wer hat dieses Zeichen schon einmal gesehen?«, fragt die Lehrerin. »An alten Häusern oder in einer Kirche?«

Niemand kann sich erinnern.

»Es ist ein Zeichen für Gott«, erklärt Frau Brucker. »Gott ist unsichtbar, man kann ihn nicht abzeichnen oder fotografieren, darum haben sich die Menschen Bilder für ihn ausgedacht. Dies hier soll das Auge Gottes bedeuten. Gott sieht uns und ist immer bei uns.«

Laura fühlt einen Knoten im Hals.

Die anderen Kinder zeichnen in ihren Heften. Julia borgt sich bei Laura den goldenen Stift aus. Auch Alexander will goldene Strahlen um das Au-

ge Gottes malen. Er schimpft mit Julia, weil sie so langsam zeichnet.

»Wo ist Dominik?«, fragt Frau Brucker.

»Abgehauen«, sagt Julia. »Einfach so.«

»Ohne Entschuldigung?«, fragt Frau Brucker. »Ohne Erlaubnis? Und warum?«

Julia zuckt die Schultern. »Vanessa hat ihn auf ein Eis eingeladen.«

Laura spürt, wie ihr heiß wird. Irgendetwas müsste sie jetzt sagen. Aber was?

»Das wird ein Nachspiel haben!«, sagt Frau Brucker verärgert.

Gott, denkt Laura, ich hab einen Tipp für dich: Du musst dich um Dominik kümmern. Damit er weiß, dass es dich gibt.

»Gibt es Gott?«, fragt Laura laut.

»Wie bitte?«, fragt Frau Brucker.

Julia kichert.

»Dominik ist nicht sicher, ob es Gott gibt«, sagt Laura. »Oder, wenn es ihn gibt, dann versteht Dominik nicht, dass Gott kleine Kinder durch Autobomben sterben lässt.«

»Oh …«, murmelt Frau Brucker. Sie setzt sich neben Laura auf den Tisch und überlegt wohl, was sie antworten soll. In der Klasse ist es still geworden.

»Gott hat die Autobombe nicht gemacht«, sagt Frau Brucker. »Menschen mit bösen Absichten haben die Autobombe gemacht.«

»Gott hat zugesehen«, sagt Laura.

»Ja …«, sagt Frau Brucker. »Das ist schwer zu verstehen. In jedem Menschen steckt Gutes. In jedem Menschen kann auch Böses stecken. Manche Menschen tun mehr Böses als Gutes. Und doch lässt Gott sie auf der Erde leben. Er lässt für sie alle die Sonne scheinen und Fische im Meer schwimmen und Pflanzen wachsen. Er hat so großen Respekt vor der Freiheit des Menschen, dass er es zulässt, dass manche Menschen böse Dinge tun.«

Laura schüttelt den Kopf. »Aber die Kinder, die wegen solcher Bomben sterben?«

»Oder die verhungern«, sagt Alexander. »Es verhungern ja so viele. Gott tut nichts dagegen.«

»Doch! Er gibt uns die Möglichkeit zu helfen«, sagt Frau Brucker. »Er macht, dass wir teilen können – wenn wir wollen. Dass wir zuhören können. Dass wir nachdenken, warum manche Menschen so geworden sind. Dass wir miteinander reden – wenn wir wollen.«

»Gut«, sagt Laura und steht auf. »Dann geh ich jetzt zu Dominik nach Hause und schau nach, wie es ihm geht.«

»Jetzt?«, fragt Frau Brucker. »Tu das nach der Schule, es ist eine gute Idee!«

»Nein, jetzt auf der Stelle!«, sagt Laura und schiebt das Religionsheft in die Schultasche.

»Also, ich weiß nicht«, sagt Frau Brucker. »Ich kann dich nicht mitten in der Stunde entlassen, wenn deine Eltern nichts davon wissen. Ich habe meine Vorschriften.«

»Gehen Sie mit«, sagt Laura. »Sie und alle Kinder.«

»Nein, nein, da muss ich vorher den Schulleiter fragen …«

Laura steht schon an der Tür. »Ich will jetzt gehen«, sagt sie. Und im Nu ist sie draußen in der großen Pausenhalle, hört gerade noch das aufgeregte Murmeln aus der Klasse, läuft die Stufen hinunter zum Schultor.

»Nanu?«, ruft der Hausmeister vom Kiosk her. »Bist du nicht die Laura aus der 2b? Wohin so eilig noch vor dem Schlussläuten?«

»Zu Dominik«, keucht Laura. »Ihn trösten, irgendwie …«

»Oh, den Dominik. Und wie willst du das tun?«, fragt der Hausmeister.

Laura dreht sich zu ihm um. Er hat einen kleinen grauen Schnurrbart und freundliche Augen. »Ehrlich gesagt, ich hab keine Ahnung wie … Herr Kauz.«

»Fang auf!« Er wirft Laura einen großen roten Apfel zu. »Es ist ein Trostapfel. Ich würde sagen, ein spezieller Trostapfel für traurige oder zornige Kinder. Ich hab im Geheimen ein paar gute Wünsche über ihn gemurmelt.« Er schmunzelt, schaut Laura noch einmal aufmerksam an und flüstert: »Geh langsam und vorsichtig und atme dabei tief. Trostäpfel muss man behutsam tragen, damit sie ihre Wirkung haben.«

»Sie sind ein Spaßmacher, Herr Kauz«, sagt Laura.

Aber dann geht sie doch ganz langsam bis zu dem alten, großen Haus, in dem Dominik mit seiner Familie wohnt. Sie geht durch einen grauen gepflasterten Hinterhof und kommt in einen kleineren, mit spärlichem Gras bewachsenen Hof. Dominik wohnt im Erdgeschoss. Laura weiß, welches Fenster zu Dominiks Zimmer gehört, das er mit den Zwillingsschwestern teilt. Sie stellt sich auf die Zehenspitzen und klopft ans Fenster.

Nach einer Weile macht Dominik das Fenster auf. »Du?«

Laura legt den Apfel auf das Fensterbrett. »Für dich! Bist du noch allein?«

»Ja.«

»Dann will ich dich nicht stören. Tschüss, bis morgen.«

Sie geht und schaut nicht zurück. Das Gras macht ihre Schritte lautlos. Sie kann hören, wie Dominik krachend in den Apfel beißt.

Laura lädt ein

Laura hockt in ihrem Baumhaus. Sie wischt die Scheibe des winzigen Fensters blank. Sie verteilt die Kissen, die im trockenen Keller überwintert haben. Sie schichtet ihre Lieblingsbücher unter die Sitzbank. Sie heftet das gestickte Bild von Gott und Adam an die Bretterwand.

»Nun haben wir es bald wieder gemütlich hier!«, sagt sie.

Die Nussbaumzweige vor dem Fenster schwanken im Wind. Sie tragen dicke Knospen. Wenn Laura auf die Wiese hinunterschaut, kann sie zwischen den letzten Schneeflecken die ersten grünen Spitzen sehen. Ihre Schneeglöckchen kommen, ihre Krokusse! Noch ein paar sonnige Tage und die Blüten sind da!

Laura zieht die Jackenkapuze über den Kopf. Das Baumhaus ist ein luftiger, kühler Ort in dieser ersten Märzwoche, nicht gerade zum Kuscheln und Träumen geeignet, aber gut fürs Nachdenken.

Laura muss ganz scharf nachdenken.

Hat sie auf der Einladungsliste irgendjemand vergessen, der gern zu Daniels Taufe kommen würde?

Sie zieht Zettel und Kuli aus der Jackentasche.

»Kann ich auch Leute einladen?«, hat Laura ihre Eltern gefragt. »Leute aus meiner Klasse zum Beispiel?«

»Aber ja!«, hat Mama gesagt und Papa hat dazu genickt.

»Ist das euer Ernst?«, hat die Oma sich eingemischt. »Max und Brigitte und Urgroßtante Sophie sind auf ein Familienfest eingestellt!«

»Wenn Laura ihre Freunde dabeihaben will, wird Urgroßtante Sophie eben ein bisschen Kinderlärm ertragen müssen«, hat Papa geantwortet und Oma hat die Augenbrauen hochgezogen und gemeint, dass sie dann eben statt drei Kuchen fünf backen wird.

Laura liest die Liste durch.

Amina.

Amina kommt gern, erst in die Kirche, dann zum großen Frühstück in Haus oder Garten – je nach Wetter. Aminas Mutter hat gesagt: »Ein

christliches Tauffest – warum soll eine Muslima so etwas nicht kennenlernen? Schön, dass du eingeladen bist.«

Julia.

»Na klar komm ich«, hat Julia gesagt. »Ich bringe meine Taufkerze mit. Das ist so bei Taufen. Alle eingeladenen Kinder dürfen zur Erinnerung ihre Taufkerze anzünden.«

Vanessa.

»He, ich bin hoffentlich auch eingeladen?«, hat Vanessa gefragt. »Wenigstens zum Tauffrühstück?! Gut, ich komme!«

Dominik.

»Ich weiß nicht recht, ich würde ja gern«, hat Dominik gesagt. »Ich muss erst mit meiner Mutter verhandeln.«

Achmed.

»Ich werde noch einmal mit meinem Vater reden«, hat Achmed ein bisschen verlegen gesagt. »Weißt du, wir Muslime glauben, dass jedes neugeborene Kind im Grunde ein Muslim ist, auch euer Daniel. In eurer Taufe wird er leider zu einem Christen verkorkst.«

»Spinnst du, Achmed? Verkorkst?«

»Verkorkst, verdorben, so meint es mein Vater. Sei nicht bös, Laura. Ich würde mir gern euer Fest anschauen. Und zum großen Frühstück komme ich bestimmt.«

Frau Mühlheim.

Die alte Apothekerin kommt gern. Auf jeden Fall in die Kirche, und wenn sie nicht zu müde ist, auch auf einen Schluck Kaffee.

Gott.

Gott, denkt Laura, ich weiß ja, dass du bei der Taufe dabei bist. Ich lade dich aber besonders zum Frühstück mit meinen Freunden ein. Und ich hab einen Tipp für dich: Wenn du noch irgendwen dabeihaben willst, an den ich nicht gedacht habe, dann bring ihn einfach mit. Abgemacht?

Schade, dass Gott so still ist.

Laura wartet, ob Gott ihr einen besonderen Gedanken schickt, aus dem sie erkennen kann: Ja, Gott hat die Einladung angenommen.

Aber auch in Lauras Kopf bleibt alles still. In ihrem Bauch gluckst es ein bisschen und ihre Zehen prickeln in den Stiefeln. Sie fühlt sich gut, sehr gut, aber eine echte Antwort ist das nicht.

Sie schaut durch die Fensterluke auf die grünen Spitzen im Schnee.

Schneeglöckchen, beeilt euch! Schmückt den Garten zu Daniels Tauffest!

Eigentlich sollten nun auch im Hof vor Dominiks Fenster die ersten Blattspitzen zu sehen sein. Ob er überrascht sein wird? Vielleicht schaut er gar nicht hin.

Laura hört die Glockenschläge vom Kirchturm, vier hellere und drei dunkle.

Drei Uhr. Donnerstag drei Uhr. Um diese Zeit ist Dominik immer in seinem Fußballklub, hat er gesagt.

Donnerstag um drei bin ich nie zu Hause, hat er gesagt. Brauchst gar nicht kommen um die Zeit.

Laura sieht in Gedanken, wie sie auf ihrem neuen Cityroller durch die hässlichen alten Höfe flitzt und sich über die Graskante vor Dominiks Fenster bückt. Gute Idee! Laura könnte erstens nach den Schneeglöckchen gucken und zweitens Dominik einen Zettel aufs Fensterbrett legen: »Ich freu mich so, wenn du zu Daniels Taufe kommst.« Einen Ermunterungszettel sozusagen, damit Dominik nicht vergisst mit seiner Mutter zu verhandeln.

Schon ist Laura über die Strickleiter hinuntergeklettert. »Ich fahr zu Dominik!«, schreit sie ins Haus hinein.

»Okay«, ruft die Mutter zurück.

Noch während sie durch den zweiten Hof rollt, hört Laura das Geplärr hinter Dominiks Fenster.

Sie steigt ab, klappt den Roller zusammen und lehnt ihn an die Hauswand.

Eine Stimme übertönt das Geplärr. »Ruhe jetzt! Ich schnappe euch und prügle euch windelweich, jawohl, das tu ich, wenn ihr nicht sofort still seid!«

Es ist Dominiks Stimme. Das Geplärr verstärkt sich zu einem schrillen Geheul, das Laura in den Ohren wehtut.

Sie klopft ans Fenster. Sie klopft noch einmal. »He, Dominik, ich bin's, Laura!«

Das Geheul verstummt.

»Aufmachen!«, kreischen zwei Stimmen.

Der Vorhang wird zurückgezogen, die Fensterflügel schwingen auf.

Dominik schaut auf Laura herunter. Sein Gesicht ist rot. »Was machst denn du hier?!«

Links und rechts neben ihm gucken zwei rotzverschmierte kleine Gesichter über das Fensterbrett. Zwei rote und zwei grüne Schleifen hängen von vier lächerlich dünnen, blonden Haarschöpfen.

»He, ihr Süßen, kämmt euch mal!«, sagt Laura zu Dominiks Schwestern. »Lasst mich rein, dann helf ich euch beim Kämmen!«

»Rein! Rein!«, schreien die Mädchen.

Laura spürt, wie verzweifelt Dominik ist, als er ihr die Wohnungstür öffnet.

Der Zwilling mit den grünen Schleifen wartet schon mit einem Kamm.

Der Zwilling mit den roten Schleifen brüllt: »Ich zuerst!«

»Ich kann euch nicht auseinanderhalten«, sagt Laura. »Welche bist du?«

»Sonja«, sagt das Mädchen mit dem Kamm.

»Gut, Sonja, hol mir einen nassen Waschlappen! Und welche bist du?«

»Moni«, sagt die andere.

»Jetzt wird es spannend«, sagt Laura. »Jetzt schau ich mir eure Gesichter an, wenn sie sauber sind. Und diejenige, die länger still ist, wird als Erste gekämmt. Eins-zwei-drei, picka-pucka-pei …«

Sie wischt den Zwillingen Nasen, Wangen und Mund. Sie kämmt ihnen das Haar und bindet die Schleifen neu. »Jetzt seid ihr so schön, dass ihr eure Jacken anziehen und mit mir in den Hof hinausdürft. Jede kann mit mir eine Runde auf meinem Cityroller machen. Aber ohne Gebrüll, verstanden?«

Aus den Augenwinkeln sieht sie, wie auch Dominik seine Jacke anzieht.

»Dominik, schau mit Sonja nach, ob ihr da im Gras eine Überraschung findet. Ich dreh mit Moni die erste Runde.«

Nicht Dominik entdeckt die spitzen Blätter, sondern Sonja. »Ist das was?«

Laura legt den Finger auf die Lippen. »Meine Überraschung für euch!«

»Und was?«, flüstert Sonja.

»Geheimnis«, wispert Laura. »Ja nicht angreifen. Wachsen lassen!«

Andächtig kauern die Zwillinge vor dem sprießenden Grün.

Laura sieht Dominik an. »Du warst heute nicht im Fußballklub?«

Dominik schluckt und wird wieder rot. »Nein. Weil meine Mutter am Donnerstagnachmittag immer bei Vanessas Mutter arbeitet. Als … als Putzfrau, weißt du. Sie macht ihr die Wohnung.

Normalerweise kümmert sich unsere Nachbarin um die Zwillinge. Aber heute musste sie schnell zu ihrer Tante ins Spital und so bin ich übrig geblieben, ganz allein.«

»Bleibst du öfters übrig?«

»Nein, nein. Meiner Mutter ist es nur lieber, wenn ich an Donnerstagen zu Hause bin. Zur Sicherheit … Man braucht manchmal zwei Leute für die Zwillinge.«

Laura denkt nach. »Ich komme nächsten Donnerstag mit Vanessa her. Wir sollten etwas unternehmen mit diesem Hof! Kräuter anpflanzen oder so. Etwas, damit man lieber hier ist und draußen spielen kann. Die alte Apothekerin gibt mir bestimmt ein paar Tipps. Und Blumen aus ihrem Garten!«

Dominik schüttelt den Kopf. »Dieser Grasplatz gehört nicht uns. Er gehört dem Hausbesitzer. Der erlaubt so was nicht.«

»Abwarten!«, murmelt Laura. »Vielleicht kann Vanessas Papa mit ihm reden.«

»Ideen hast du …«, brummt Dominik. »Und warum bist du hergekommen, jetzt sag endlich?«

Laura lächelt. »Weil ich dich noch einmal zu Daniels Taufe einladen wollte.«

Dominik seufzt.

Die Zwillinge haben die Ohren gespitzt. Sie rücken näher und drücken sich an Laura. »Einladen? Zu dir?«

»Ja«, sagt Laura. »Und ich lade auch euch beide ein, wenn ihr Lust habt. Und wenn ihr versprecht, dass ihr nicht kreischt oder brüllt. Mein Bruder ist noch so klein. Lautes Geschrei tut ihm in den Ohren weh. Dann weint er. Ich will nicht, dass er weint.«

Die Zwillinge nicken mit ernsten Gesichtern.

»Also dann«, sagt Laura, steigt auf den Roller und flitzt davon.

Hinter dem Tor zum ersten Hof bremst sie und horcht nach hinten.

Kein Gekreisch? Kein Gebrüll?

Sie steigt ab, schleicht zum Tor zurück und riskiert einen Blick durch ein Loch in der Scheibe. Die Zwillinge hocken wieder vor den Schneeglöckchenblättern. Dominik steht unschlüssig da, die Hände in den Jackentaschen. Aber jetzt kauert er sich neben die Zwillinge.

Ein gelber Schmetterling schaukelt langsam an ihnen vorüber. Auf dem Dachfirst sitzt, mit gewölbter Brust hoch aufgerichtet, eine Amsel. Sie singt aus voller Kehle.

Vielleicht hat sie schon zuvor gesungen.

Aber nun kann man sie hören, bis in den finstersten Winkel der Höfe, dächerweit.

Von Maike, Herrn Klomm und andere Neuigkeiten

An einem sehr heißen Tag nach den großen Sommerferien kommen Marie und Carita in die dritte Klasse. Marie ist froh, dass sie Carita hat, mit der sie gemeinsam an den neuen Schulbüchern riechen und über den neuen Lehrer reden kann. Er heißt Herr Klomm und ist nicht so nett wie die alte Lehrerin, die sie vorher hatten. Er guckt immer so streng über seine dicke Nase hinweg. Wenn Marie gerade etwas Wichtiges einfällt, was sie Carita schnell ins Ohr flüstern will, dann guckt Herr Klomm sofort zu ihr hinüber und merkt es. »Pssst, Marie!«, sagt er dann, und schon ist es aus mit dem Flüstern. Das macht nicht so viel Spaß.

Als das neue Schuljahr gerade eine Woche alt ist und Marie und Carita die dicke Nase von Herrn Klomm schon in- und auswendig kennen, kommt am Nachmittag ein großer Möbelwagen in die Tulpenstraße gepoltert. Mit einem lauten Quietsch

hält er vor dem Haus, das schon so lange leer steht. »Es ist eine Schande, dass dieses schöne Haus leer steht«, hat Maries Vater immer gesagt, »so ein Haus braucht eine Familie!« Und jetzt ist diese Familie endlich gekommen! Denn auf einmal geht die Haustür auf, ein Mann und eine Frau winken den Männern zu, die aus dem Möbelwagen steigen, und plötzlich rennen zwei, drei, vier, fünf Kinder aus dem Haus und springen im Vorgarten herum, in dem das Gras ganz hoch gewachsen ist.

Eine neue Familie zieht in die Tulpenstraße. Marie und Carita stehen hoch oben auf dem Dachboden und beobachten alles durch die Luke.

»Ein Mädchen ist so alt wie wir«, sagt Carita, »die da mit den roten Haaren, siehst du sie?«

Marie nickt. Das Mädchen trägt gerade einen Spiegel aus dem Möbelwagen ins Haus.

»Vielleicht kommt sie ja in unsere Klasse«, meint Marie.

Und tatsächlich! Schon am nächsten Tag kommt Herr Klomm mit dem rothaarigen Mädchen in das Klassenzimmer und sagt: »Kinder, das ist Maike. Sie ist eure neue Mitschülerin. Bitte helft ihr, dass sie sich in der Schule schnell zurechtfindet!«

Maike bekommt den freien Platz rechts neben Carita. Links von Carita sitzt Marie.

»Hey!«, flüstert Carita Maike zu. »Ich habe gesehen, wie ihr gestern eingezogen seid in das leere Haus!«

»Ich auch«, flüstert Marie und beugt sich vor, aber das merkt Maike gar nicht, denn sie sagt irgendwas zu Carita, und das versteht Marie nicht. Und jetzt guckt Herr Klomm streng über seine dicke Nase hinweg, der Unterricht soll beginnen, das sieht man dieser Nase an.

In der ersten Pause zeigt Carita Maike, wo die Toiletten sind. Und in der zweiten Pause zeigt sie ihr, wo das Lehrerzimmer ist und wo man neue Kreide holt. Carita hilft Maike wirklich prima, dass sie sich in der Schule schnell zurechtfindet, genau wie Herr Klomm gesagt hat. Marie möchte Maike auch etwas zeigen, zum Beispiel den kleinen Kiosk vom Hausmeister, dort kann man Kakao kaufen und Gummibärchen, wenn man Geld hat.

Aber Maike sagt: »Den kenn ich schon!«

Nach der Schule geht Maike zu Fuß nach Hause. Carita schiebt ihr Fahrrad nebenher, Marie auch. Maike erzählt von ihrem neuen Hochbett, das ihr Vater ihr gerade baut, und dabei guckt sie nur Carita an, nie Marie. Und Carita macht große Augen und sagt, dass sie Hochbetten ganz toll findet. Marie sagt: »Ich finde Hochbetten nicht so toll.«

Maike geht ins Haus und winkt ihnen zu und macht sich nichts draus, wie Marie Hochbetten findet.

»Aber man kann doch unter einem Hochbett eine Ecke bauen«, meint Carita.

»Ich habe meine Ecke ganz woanders«, sagt Marie, »du weißt ja, wo.«

Am Nachmittag sitzt Marie mit Franz und Lars im Gras am Rand des Fußballplatzes. Dort spielen ein paar große Jungs. Franz und Lars kramen in ihren Schultüten. Sie sind jetzt gerade in die erste Klasse

gekommen. Franz hat eine blau-silbern gestreifte Schultüte, vorne drauf ist ein kleiner Hund aus Filz mit einer langen rosa Zunge. Der sieht aus wie Pipsi, der Dackel von Frau Patronelli. »Das ist mein Wachhund«, sagt Franz.

Er schenkt Marie ein Brausebonbon aus seiner Schultüte. Das Brausebonbon legt man sich auf die Zunge, dort löst es sich mit einem komischen Kribbeln auf, dann bekommt man ganz viel Schaum im Mund, und wenn man den runterschluckt, hat man das Gefühl, dass der Mund innen doppelt so groß ist wie vorher. Es ist ein tolles Brausebonbon.

Da kommt Carita. Sie schiebt den Kinderwagen ihrer kleinen Schwester am Fußballplatz entlang und kommt langsam in Maries Nähe. Auf einmal rennt jemand zu Carita, ganz schnell, mit wehenden roten Haaren. Es ist Maike. Sie bleibt außer Atem bei Carita stehen und schaut in den Kinderwagen. Dann gehen die beiden mit dem Kinderwagen fort. Marie kann sie nicht mehr sehen.

Irgendwie hat sie jetzt keine Lust mehr, hier zu sitzen. Sie geht ins Haus. Dort steht Sonja vor dem Spiegel und kämmt sich.

»Gib mir sofort meine Haarspange wieder!«, sagt Sonja.

Marie ärgert sich. Jetzt muss sie Sonja diese blaue Haarspange zurückgeben, die sie sich heute Morgen heimlich ausgeliehen hat.

Dann geht sie in die Küche. Die Haustür fällt laut ins Schloss. Marie schaut durch das Fenster. Dort steht Alfi mit seinem roten Mofa. Und jetzt kommt Sonja aus dem Haus und steigt hintendrauf und die beiden brausen die Tulpenstraße runter, auf und davon. Das hat Sonja noch nie gemacht!

Marie rennt auf die Straße und sieht ihnen nach. Dort hinten biegen sie um die Ecke – und weg sind sie!

Das muss ich Carita erzählen!, schießt es ihr durch den Kopf, aber dann fällt ihr ein, dass Carita ja gerade mit Maike spazieren geht. Und da hat sie plötzlich gar keine Lust mehr, Carita zu erzählen, dass Sonja mit Alfi auf dem Mofa weggefahren ist. Sie geht die Treppe hinauf in ihr Zimmer und spielt ein bisschen Blockflöte. Es kommt ihr vor, als wären die Töne heute klein und flatterig wie Motten.

Beim Abendessen fragt die Mutter: »Wie gefällt dir denn deine neue Mitschülerin, Marie?«

»Ach, die Maike«, sagt Marie und rührt im Joghurt herum. »Die – na ja.«

»Ich hab ganz viele neue Mitschüler!«, schreit Franz. »Eine ganze Schule voll!«

Die Eltern lachen, sogar Sonja lacht, die sonst immer irgendein Gesicht zieht. Und da ist Marie ganz froh, dass sie nicht mehr von Maike reden muss. Dazu hat sie nämlich gar keine Lust.

Marie ist nicht allein

Ehrlich gesagt mag Marie die neue Maike nicht so besonders gern. Aber das sagt sie niemandem. Noch nicht einmal Carita erzählt sie es, obwohl Carita sonst immer alles aus Maries Leben weiß. Carita ist ja schließlich ihre beste Freundin. Nur in letzter Zeit weiß Marie manchmal gar nicht mehr so genau, ob das noch stimmt. Neulich wollte Marie Carita in der Schulpause erzählen, dass Franz seine ganze Schultüte mit Pflaumen gefüllt hat, bis oben hin, er hat sie alle vom Baum gepflückt und dann in der Schultüte vergessen, und da sind sie faul und schimmelig geworden. Das wollte Marie Carita eigentlich erzählen, aber wer nicht zugehört hat, das war Carita. Sie hat stattdessen zugeguckt, wie Maike mit der linken Hand eine Kuh vorn ins Matheheft gemalt hat. Denn Maike ist Linkshänderin. Und Marie hat gleich wieder gemerkt, wie toll Carita das findet, genauso toll wie Hochbetten und wie alles, was Maike hat, was Maike tut, wie Maike lacht …

Manchmal hat Marie gar keine Lust mehr, in die Schule zu gehen. Zuerst dieser Herr Klomm mit seinem »Pssst, Marie!« und dann auch noch Maike!

Und der Sommer ist auch schon vorbei. Die Sonne verkriecht sich. Gestern hat es den ganzen Tag gestürmt und geregnet, viele Blätter wurden von den Bäumen gerissen, die Kastanien knallten herunter und kullerten durch die Gegend. Hinterher hat die Tulpenstraße ganz anders ausgesehen als vorher, schon richtig herbstlich.

Es gibt aber auch etwas, das gefällt Marie: Pipsi wohnt jetzt bei ihnen zu Hause! Vor einer Woche ist Frau Patronelli nach Italien zu ihrer Kusine in den Urlaub gefahren. Pipsi, ihr Dackel, durfte aber nicht mit. In Italien müssen die Hunde alle Maulkörbe tragen. Das kann Pipsi nicht ausstehen. »Und außerdem kann Pipsi gar kein Italienisch«, hat Frau Patronelli gesagt, »er bellt immer auf Deutsch!« Und dann hat sie gelacht wie ein Truthahn. So ist es gekommen, dass Marie auf Pipsi aufpasst. Sie füttert ihn und geht mit ihm spazieren, und wenn es regnet, muss sie ihm den Regenmantel überziehen, das hat sie Frau Patronelli versprochen.

Marie geht mit Pipsi an der Leine zuerst am Fußballplatz entlang und schaut den Jungs zu, die dort bolzen und Tore schießen. Pipsi bellt wie wild und zieht an der Leine, er möchte am liebsten mitspielen. Marie geht mit ihm dann die Tulpenstraße hinunter. Ganz langsam von Straßenlaterne zu Straßenlaterne, denn überall muss Pipsi schnuppern und sein Bein heben.

Jetzt kommen sie an Maikes Haus vorbei. Unten neben der Haustür ist ein Fenster. Man kann bis ins Zimmer schauen. Man kann sogar genau sehen, wer dort auf dem Sofa sitzt und Fernsehen guckt. Maike und Carita. Und Maikes vier Brüder. Sie essen Salzstangen. Und was man auch noch sehen kann, das ist, was für einen Spaß sie miteinander haben. Sie lachen ziemlich laut. Maike lacht am lautesten.

Marie hat auf einmal das Gefühl, als wäre sie wie Pipsi an einer Leine festgebunden und als würde etwas in ihr ganz kräftig an dieser Leine ziehen, hinein in dieses Zimmer. Ja, am liebsten möchte Marie mitlachen! Sie möchte nicht hier draußen stehen, während Carita und die anderen alle zusammen etwas Lustiges im Fernsehen anschauen.

Marie fühlt sich jetzt so allein wie noch nie in ihrem Leben. Sie geht schnell weiter und zieht Pipsi

hinter sich her. »Komm«, zischt sie ihm zu und weiß aber gar nicht, wohin sie so schnell will. Nur weg hier!

Dort ist der Frisör. Und dort der Laden von den Adirs. An der Tür hängt ein Schild: »Wegen Urlaub geschlossen!« Herr Adir hat das Ausrufezeichen riesig groß und gelb gemalt, vor lauter Vorfreude. Denn er und seine Frau sind neulich in die Türkei zu ihrem Sohn geflogen. Sie wollen fünf Wochen wegbleiben. Marie schaut in das leere Schaufenster. Keine Auberginen, keine Walnüsse, keine Tomaten, kein Salat, nichts liegt dort. Und Marie fühlt sich noch mehr allein. Fast ist es so, als sei niemand auf der Welt außer Marie und Pipsi.

In diesem Moment knattert ein Mofa um die obere Ecke, ein rotes Mofa, Alfis Mofa, aber nicht nur Alfi sitzt darauf, sondern auch Sonja. Sie trägt ihren blauen Seidenschal, er flattert im Wind. Jetzt fahren sie an Marie vorbei. Sonja winkt ihr zu, sie macht ein begeistertes Gesicht, so nett hat sie Marie schon lange nicht mehr angeschaut. Und schon sind sie vorbei, der blaue Schal, das rote Mofa – und Marie steht allein mit Pipsi da. Pipsis Zunge hängt ihm weit aus dem Maul. Wie bei Franz' Wachhund auf der Schultüte.

Ist denn überhaupt gar niemand in der Tulpenstraße da, der etwas mit ihr zu tun haben möchte? Sind sie denn alle in der Türkei oder in Italien? Oder gucken sie alle ohne sie fern?

Nein, nicht alle.

Herr Backeberg nicht. Er macht gerade dort oben im ersten Stock sein Fenster weit auf. Und er hört Musik, sehr laut. Herr Backeberg ist vor Kurzem arbeitslos geworden. Jetzt ist er den ganzen Tag zu Hause und tut, was er will. Und meistens will er Musik hören.

Marie zieht Pipsi bis zum Gartenzaun vor dem Haus von Herrn Backeberg. Er winkt ihr zu und schreit: »Hörst du die Musik?«

Marie nickt, na klar hört sie die Musik, die hört doch jeder.

»Grandios, nicht wahr?!«, schreit Herr Backeberg.

Marie weiß nicht, was »grandios« heißt. Sie findet, dass die Opernsängerin singt, als ginge es ihr nicht besonders gut. Vielleicht meint Herr Backeberg das?

»Vielleicht hat sie sich den Magen verdorben!«, schreit Marie zum Fenster hinauf. »So wie Franz neulich, als er alle Lakritzen aus seiner Schultüte auf einmal aufgegessen hat!«

Herr Backeberg sagt nichts, er schließt die

Augen und wiegt seinen Kopf im Takt der Musik hin und her.

»Wo hast du denn Carita gelassen?«, schreit er dann plötzlich und reißt seine Augen wieder auf.

»Nirgends«, murmelt Marie. Sie möchte nicht so gern an Carita denken. Weil sie dann immer gleich auch an Maike denken muss.

»Willst du ein bisschen zu mir hochkommen?«, fragt Herr Backeberg. »Ich zeig dir all meine Musik-CDs. Pipsi kann auch mitkommen.«

Marie schüttelt energisch den Kopf. Nein, sie wird nicht zu Herrn Backeberg gehen, auch wenn er ein netter Mensch ist. Ihr Vater hat gesagt, dass sie niemals mit anderen Leuten mitgehen oder sie besuchen darf. Sie muss immer erst vorher zu Hause fragen. Außer zu Carita, zu ihr darf sie immer. Schon wieder muss sie an Carita denken!

»Allein auf der Welt, was?« Herr Backeberg verschwindet kurz, die Musik geht aus, er kommt wieder ans Fenster und beugt sich weit heraus. Dann flüstert er etwas, das Marie nicht versteht.

»Hä?«, macht Marie.

Herr Backeberg flüstert es noch mal, dieses Mal etwas lauter: »Ich auch!«

Da merkt Marie, wie sich ein großer Kloß unten im Hals bildet, einer, den man schlecht runterschlucken kann. Er schmeckt einfach nicht. Die Tränen steigen ihr in die Augen, sie sagt: »Carita spielt jetzt immerzu mit Maike!« Und dabei stampft sie mit dem Fuß auf, so heftig, dass Pipsi erschrocken zur Seite hüpft.

Herr Backeberg nickt und rauft sich die Haare. Sie stehen jetzt wild nach allen Seiten ab. Jetzt flüstert er wieder etwas. Warum flüstert er denn immer? Vorhin hat er doch so laut geschrien! Marie wundert sich ein bisschen über Herrn Backeberg, aber sie spitzt ihre Ohren und versteht sogar, was er da flüstert: »Aber wir sind nicht allein!« Er zeigt mit dem Finger nach oben zum Himmel.

Gott, fällt Marie jetzt ein, Gott ist da.

»Ich habe ganz vergessen, dass Gott ja auch noch da ist!«, ruft Marie. Und dann rennt sie die Tulpenstraße hinunter, mit Pipsi an der Leine, dem die Zunge aus dem Maul hängt. Das sieht aus, als würde er lachen. Und Marie fühlt sich auf einmal nicht mehr so allein

Es begann in Assisi

Assisi war eine Stadt mit starken Mauern. Sie lag auf einem Hügel. Zwischen den Häusern gab es genügend Platz für Bäume und Gärten. Wer die hellen Gassen betrat, wusste sofort: Hier lebt man gut, hier kann man fröhlich sein.

Das wusste auch Pietro Bernardone. Er zählte zu den Reichen und Angesehenen in Assisi und betrieb einen großen Tuchhandel. Der Kaufmann kam viel herum. Besonders gern reiste er nach Frankreich. Dort kaufte er seine Stoffe ein.

1181 oder 1182 – ganz genau wissen wir es nicht – wurde der erste Sohn von Pietro Bernardone geboren. Seine Mutter, Piça Bernardone, nannte ihn Giovanni. Als der Vater von einer Handelsreise heimkehrte, ließ er den Namen ändern. Von nun an hieß der Sohn nach dem Lieblingsland des Vaters:

Francesco – der kleine Franzose.

Oder Franziskus.

Die Eltern verwöhnten ihren Sohn. Er trug die feinsten Kleider und feierte wilde, laute Feste. Mit seinen Freunden ging er auf die Jagd. Weil er so gut singen und tanzen konnte, bewunderten ihn die anderen jungen Leute.

Franziskus war schmal, fast zierlich. In seinem Gesicht leuchteten dunkle Augen und zogen die Menschen geheimnisvoll an. Er hatte eine klare, sanfte Stimme. Wenn er sprach, hörten alle zu.

Das Leben war bunt für Franziskus, er kannte keine Sorgen. Dann, plötzlich, änderte sich alles.

Zwischen den Städten Assisi und Perugia kam es zum Krieg. Der Sohn des Tuchhändlers ließ sich vom Vater wie ein Edelmann ausstatten. Stolz ritt er auf einem kostbaren Pferd, seine prunkvolle Rüstung glänzte.

Aber nichts davon blieb ihm. Das kleine Heer aus Assisi wurde vernichtend geschlagen. Franziskus geriet in Gefangenschaft. Erst nach einem Jahr konnte ihn sein Vater freikaufen. Mit Sorge sah er, dass der Sohn ein anderer geworden war. Vergeblich versuchte Franziskus, wie früher zu leben.

Es gelang ihm nicht mehr. Lange Zeit lag er krank zu Hause.

Als es ihm endlich besser ging, bat er den Vater: »Lass mich mit Pilgern nach Rom ziehen.« Pietro Bernardone freute sich darüber. Das tut ihm gut, dachte er. Diese Stadt, die voller Leben ist, bringt meinen Sohn auf andere Gedanken …

Doch er täuschte sich. Vor den Kirchen, in denen Franziskus beten wollte, hockten Scharen von Bettlern. So viele Arme hatte er nie zuvor gesehen. Sie waren mit Lumpen bedeckt und streckten ihm ihre Hände entgegen. Dabei klagten sie laut.

Franziskus erschrak. Kurz entschlossen streifte er den Mantel ab, zog den Leinenkittel und die weichen Lederstiefel aus. Er tauschte seine feinen, teuren Kleider mit den zerrissenen Kleidern eines Bettlers. Dann setzte er sich zu den Hungrigen und bat die Vorübergehenden um eine Gabe.

Zum ersten Mal sah er den Geiz in den Gesichtern der Reichen. Und zum ersten Mal spürte er, wie sich die Menschen fühlten, die kein Dach über dem Kopf und kein Brot im Schrank hatten.

Daheim machte ihm der Vater heftige Vorwürfe. Sein Sohn, der sich auf einmal um die Verachteten kümmerte, war ihm fremd geworden. Pietro Bernardone wollte nicht glauben, was er über Franziskus gehört hatte.

»Du trägst mein Geld sogar zu den Kranken«, schimpfte er. Es klang enttäuscht und böse. Warum ekelte sich Franziskus nicht vor den Geschwüren der Aussätzigen? »Andere reiten am Spital vorbei. Aber du steigst von deinem Pferd und verbindest ihre Wunden!«

Während sein Vater immer wütender wurde, schwieg Franziskus. Noch wusste er nicht, wohin ihn sein Weg führen würde.

Eines Tages betrat er das Kirchlein von San Damiano. Es lag vor den Toren der Stadt und war in einem trostlosen Zustand. Durch das morsche Dach

sickerte der Regen, der Verputz blätterte von den Mauern. Als Franziskus zum Beten niederkniete, hörte er eine Stimme.

»Siehst du nicht, wie mein Haus verfällt? Stell es wieder her«, bat sie ihn.

So etwas kostet Geld. Viel Geld! Franziskus überlegte nicht lange. Eilig ritt er zurück und verkaufte auf dem Markt sein Pferd mit Sattel und Zaumzeug. Anschließend holte er aus dem Laden des Vaters einen Stoffballen, für den er ebenfalls einen Käufer fand.

Als Pietro Bernardone davon erfuhr, wurde er rasend vor Zorn. Er sperrte den Sohn ein, er flehte ihn an wieder vernünftig zu werden, er schlug ihn sogar. Aber Franziskus zeigte keine Reue.

Da verklagte Pietro Bernardone den Sohn beim Bischof. Franziskus war nicht nur ungehorsam, er hatte ihn auch bestohlen. Dafür musste er zur Rechenschaft gezogen werden, dafür sollte er büßen.

Bischof Guido ließ die beiden kommen. Vor dem Dom trafen sie sich. Der ganze Platz war voll von Neugierigen. Vergeblich versuchte der Bischof zwischen den Streitenden zu schlichten.

»Gib zurück, was mir gehört!«, schrie Pietro Bernardone.

Auf einmal verschwand Franziskus in der Kirche. Gleich darauf kehrte er nackt zurück. Er legte seine Kleider zu Füßen des Vaters nieder, auch das Geld, das er für den Stoffballen und für das Pferd mit Sattel und Zaumzeug bekommen hatte.

Pietro Bernardone schaute den Sohn nicht mehr an. Still hob er alles auf und ging.

Jetzt hatte Franziskus seinen Vater endgültig verloren. Ein Diener des Bischofs hängte ihm einen alten Mantel um. So verließ er die Stadt. Von nun an wird mich der Vater im Himmel beschützen, dachte er. Gott lässt mich nicht allein.

Weil Franziskus kein Geld mehr besaß, bettelte er Balken, Steine und Mörtel für San Damiano zusammen. Unermüdlich baute er an der kleinen Kirche. Sein Eifer wirkte ansteckend. Bald halfen ihm ein paar Bürger aus Assisi. So dauerte es nicht lange, bis das Gotteshaus in frischem Glanz erstrahlte.

Auch um die Kapelle Santa Maria di Portiuncula, die abgeschieden im Wald lag, kümmerte sich Franziskus. Dort gefiel es ihm am besten, dort konnte er wie ein Einsiedler leben. Nur selten ging er in die Stadt und bat um Brot.

Manchmal warfen ihm die Bürger halb verfaulte Speisereste zu. Sie verspotteten den Sohn des reichen Bernardone. »Seht ihn an, er geht barfuß«, sagten sie, »und er trägt eine braune, schäbige Kutte.«

Dann dachte Franziskus: Auch Jesus sandte seine Jünger ohne Gold und Silber in die Welt hinaus. Sie besaßen keine Schuhe und nahmen nichts mit, nicht einmal einen Wanderstab, auf den sie sich stützen konnten.

Nach einer Weile sprach sich herum, was der kleine, arme Franziskus tat. Immer mehr junge Männer verließen ihre Familien und schlossen sich ihm an. Franziskus nannte seine Freunde »Minderbrüder«. Wie Bettler sollten sie leben. Er untersagte ihnen in Steinhäusern zu wohnen. Deshalb errichteten sie Lehmhütten neben der Portiuncula, so hieß das Kirchlein beim Volk.

Die Brüder pflegten Kranke, Alte und Gebrechliche. Sie halfen den Bauern auf den Feldern und verlangten keinen Lohn dafür, nur etwas zu essen. Franziskus schickte sie in alle Himmelsrichtungen, damit sie den Menschen von Gott erzählten.

Auch der Mann aus Assisi zog durch das Land. Wenn er irgendwohin kam, liefen die Leute zusammen. Franziskus aber stellte sich in den Schatten eines Baumes und predigte.

Manchmal erfüllte ihn dabei eine große Freude. Dann nahm er zwei Stöcke: Den einen hielt er wie eine Geige in der linken Hand, den anderen wie einen Bogen in der rechten. Und er strich mit dem Bogen über die Geige und fiedelte und sang so ausgelassen, dass alle, die ihn sahen, zu lächeln begannen.

So fand der Narr Gottes Zugang zu den Herzen der Menschen.

Es gibt viele Geschichten über den kleinen Mönch und seine Brüder: fröhliche und traurige, friedliche und zornige, weise und verrückte. Die schönsten dieser Geschichten erzählen von der Liebe des Heiligen zur Schöpfung und zu den Geschöpfen.

Was Gott erschaffen hatte, das wollte der Mann aus Assisi mit der ganzen Kraft seines Herzens bewahren und beschützen.

Die Vogelpredigt

Überall in den Dörfern und in den Städten sprach Franziskus von der Liebe Gottes zu den Menschen. So war es auch in Savurnia. Bruder Angelo und Bruder Masseo begleiteten ihn dabei.

Die Bewohner des Burgfleckens wunderten sich über den kleinen Mönch, der in seiner armseligen Kutte vor ihnen stand und zu predigen begann. Franziskus sah so dünn aus. Am liebsten hätten sie ihn zum Essen in ihre Häuser eingeladen. Aber seine Augen leuchteten und seine Stimme hielt sie fest und zwang sie zum Zuhören.

Nur die Schwalben schienen unbeeindruckt von dieser Stimme. Sie saßen auf den Dächern ringsum und zwitscherten so laut, dass sie Franziskus übertönten. Eine Weile ließ er sich den fröhlichen Lärm gefallen. Dann sagte er: »Bitte, meine Geschwister, seid jetzt still, weil ich zu den Menschen reden möchte.«

Sofort verstummten die Schwalben. Aufmerksam streckten sie ihre Köpfe vor und lauschten, während Franziskus sprach. Mit den Zuhörern staunten auch Angelo und Masseo. Später erzählten sie allen, die es wissen wollten, dass dem Mann aus Assisi sogar die Schwalben gehorchten.

Noch am gleichen Tag zogen der Heilige und die beiden Brüder weiter durch das Spoleto-Tal. In der Nähe von Bevagna entdeckten sie auf den Bäumen am Wegrand einen riesigen Vogelschwarm. Nie zuvor hatten sie so viele Ringeltauben, Krähen und Dohlen gesehen. Auch Elstern und Eichelhäher saßen in den Zweigen. »Der Friede Gottes sei mit euch«, rief Franziskus voller Überraschung zu ihnen hoch und breitete die Arme weit aus.

Jetzt hat er die Vögel erschreckt, gleich werden sie davonfliegen, dachte Angelo und Masseo dachte dasselbe. Doch sie täuschten sich. Anstatt ängstlich fortzuflattern ging der Schwarm auf einem Feld in der Nähe von Franziskus nieder. Dort warteten die Vögel, ohne sich zu rühren oder den geringsten Laut von sich zu geben. So still war es, dass sogar der Wind aufhörte zu wehen.

In diese Stille hinein sprach Franziskus. »Meine gefiederten Freunde«, sagte er zu den Vögeln, »der

Vater im Himmel muss euch besonders lieben. Denn er gab euch die Freiheit, überallhin zu fliegen. Die Luft ist eure Heimat. Während wir auf der Erde bleiben müssen, steigt ihr zum Himmel empor und schwebt mit ausgebreiteten Flügeln im Sonnenlicht. Vom gütigen Gott, der für euch sorgt, habt ihr ein Federkleid bekommen. Ihr sät nicht, ihr erntet nicht und leidet doch keinen Hunger und keinen Durst. Denn überall gibt es Körner, überall gibt es Quellen für euch. Der Allmächtige erschuf das Felsengebirge und die hohen Bäume. Dort könnt ihr ungestört eure Nester bauen. Glaubt mir, er liebt euch! Deshalb lobt ihn allezeit.«

Kaum hatte Franziskus seine Predigt beendet, reckten die Vögel ihre Hälse und öffneten ihre Schnäbel. Dazu schlugen sie mit den Flügeln, als wollten sie bestätigen, was das Mönchlein gesagt hatte. Franziskus aber wanderte zwischen ihnen umher. Obwohl er sie mit seiner Kutte streifte, blieben sie furchtlos sitzen.

Erst als er die Vögel segnete, erhoben sie sich. Ein Rauschen ging durch die Luft, während sie nach Osten und Westen, nach Süden und Norden flogen.

So zeichneten sie ein großes Kreuz in den Himmel.

»Warum habe ich den Gefiederten nicht schon

früher gepredigt?«, fragte Franziskus seine Gefährten. Er machte sich Vorwürfe. Von nun an redete er mit allen Geschöpfen und bat sie, ihrem Schöpfer zu danken.

Sogar die Blumen forderte er dazu auf.

Und die Steine ebenfalls.

Das Geschichtenbuch zur Erstkommunion
ISBN 978 3 522 30109 1

Einband- und Innenillustrationen: Isabelle Dinter
Einbandtypografie: Michael Kimmerle, Stuttgart
Schrift: Palatino und HenryHand
Reproduktion: Photolitho AG, Gossau / Zürich
Druck und Bindung: Friedrich Pustet, Regensburg

Die enthaltenen Geschichten sind erschienen:
Herr Riese spielt Ball und *Der Vaterunser-Wettbewerb* In: Erwin Grosche, Felicitas, Herr Riese und das Vaterunser © 2005
Der Schulaufsatz In: Erwin Grosche, Felicitas, Herr Riese und die zehn Gebote © 2003
Laura und Dominik und *Laura lädt ein* In: Lene Mayer-Skumanz, Gott, ich hab einen Tipp für dich © 2002
Von Maike, Herrn Klomm und andere Neuigkeiten und *Marie ist nicht allein* In: Tanja Jeschke, Ein Jahr mit Marie. Zwölf Geschichten zu den Jahreszeiten und Kirchenfesten © 2005
Es begann in Assisi und *Die Vogelpredigt* In: Erich Jooß, Franziskus und das Lied der Lerche © 2003

6 5 4 3 2° 07 08 09 10

www.gabriel-verlag.de